Bibliografische Information der Deutschen Nationalbibliothek:

Die Deutsche Bibliothek verzeichnet diese Publikation in der Deutschen National-
bibliografie; detaillierte bibliografische Daten sind im Internet über http://dnb.d-
nb.de/ abrufbar.

Impressum:

Copyright © 2006 GRIN Verlag, Open Publishing GmbH
Druck und Bindung: Books on Demand GmbH, Norderstedt Germany
ISBN: 978-3-656-96422-3

Dieses Buch bei GRIN:

http://www.grin.com/de/e-book/91782/brechts-theatertheorie-analyse-der-dreigro-
schenoper

Friederike Schmidt

Brechts Theatertheorie. Analyse der 'Dreigroschenoper'

GRIN Verlag

GRIN - Your knowledge has value

Der GRIN Verlag publiziert seit 1998 wissenschaftliche Arbeiten von Studenten, Hochschullehrern und anderen Akademikern als eBook und gedrucktes Buch. Die Verlagswebsite www.grin.com ist die ideale Plattform zur Veröffentlichung von Hausarbeiten, Abschlussarbeiten, wissenschaftlichen Aufsätzen, Dissertationen und Fachbüchern.

Besuchen Sie uns im Internet:

http://www.grin.com/

http://www.facebook.com/grincom

http://www.twitter.com/grin_com

Universität Dortmund

Schriftliche Hausarbeit im Rahmen der Veranstaltung

Mehrsprachiges Theater im Deutschunterricht im Sommersemester 2006

Thema

Brechts Theatertheorie –

Untersuchungen an Hand der „Dreigroschenoper"

Inhalt

Inhalt.. 2

Einleitung 3

1. Brechts episches Theater 3

   1.1 Gegenüberstellung dramatisches und empirisches Theater 3

   1.2 Die veränderbare Realität... 4

   1.3 Der aktive Zuschauer 6

   1.4 Der gesellschaftliche Gestus 7

   1.5 Vergleich Dramatische und Epische Oper 7

   1.6   Der Schauspieler... 8

   1.7 Aufbau der Dreigroschenoper-Bühne 10

   1.8 Die Verfremdungseffekte 10

2. Untersuchung an Hand Brechts „Dreigroschenoper" 11

   2.1 Zusammenfassung... 11

   2.2 Vorspiel 13

      2.2.1 Der Text und das Schauspiel 13

      2.2.2   Die Musik 15

   2.3 Erster Akt 16

      2.3.1   Der Text und das Schauspiel... 16

      2.3.2   Die Musik 17

   2.4 3. Dreigroschen-Finale 18

      2.4.1   Der Text und das Schauspiel... 19

      2.4.2   Die Musik 19

Literaturverzeichnis... 21

Einleitung

Im Rahmen der Veranstaltung „Mehrsprachiges Theater im Deutschunterricht" habe ich mich mit den Thema: Brechts Theatertheorie beschäftigt. Hierfür stelle ich zunächst die Theatertheorie Brechts an für sich vor, um sie später an Hand Brechts Dreigroschenoper zu analysieren.

Da ein Schwerpunkt in Brechts Theatertheorie die Veränderung dem Menschen ist, konzentriere ich mich insbesondere auf das Vorspiel, den ersten Akt und das dritte Dreigroschenoper-Finale, um den veränderlichen und verändernden Menschen des epischen Theaters an Hand der Dreigroschenoper aufzuzeigen. Da die Musik in dem Theaterstück eine besondere Rolle spielt, beziehe ich ebenfalls die Kompositionen von Kurt Weil in meine Analyse mit ein.

1. Brechts episches Theater

1.1 Gegenüberstellung dramatisches und empirisches Theater

Vergleich – veränderbare Realität[1]

Dramatisches Theater	Episches Theater
Der Mensch wird als bekannt vorausgesetzt	der Mensch ist Gegenstand der Untersuchung
Der unveränderliche Mensch	der veränderliche und verändernde Mensch
natura non facit saltus	natura facit saltus
Die Welt, wie sie ist	die Welt, wie sie wird
Was der Mensch soll	was der Mensch muss
Seine Triebe	seine Beweggründe
Das Denken bestimmt das Sein	das gesellschaftliche Sein bestimmt das Denken

---

[1] Hecht, S. 69

<u>**Vergleich – der aktive Zuschauer**</u>[2]

Dramatisches Theater	**Episches Theater**
verwickelt den Zuschauer in eine Aktion und	macht den Zuschauer zum Betrachter, aber
verbraucht seine Aktivität	weckt sein Aktivität
ermöglicht ihm Gefühle	verlangt eigenen Standpunkt
vermittelt ihm Erlebnisse	vermittelt ihm Kenntnisse
der Zuschauer wird in eine Handlung hineinversetzt	er wird der Handlung gegenübergesetzt
es wird mit Suggestion gearbeitet	es wird mit Argumenten gearbeitet
die Empfindungen werden konserviert	bis zu Erkenntnissen getrieben

<u>**Vergleich – der gesellschaftliche Gestus**</u>[3]

Dramatisches Theater	**Episches Theater**
die Bühne verkörpert einen Vorgang	Die Bühne erzählt den Vorgang
Spannung auf den Ausgang	Spannung auf den Verlauf
Eine Szene für die andere	Jede Szene für sich
Die Geschehen verlaufen linear	Das Geschehen verlaufen in Kurven

1.2 Die veränderbare Realität

Auch wenn dies zunächst den Anschein hat, wollte Brecht (10. Februar 1898 in Augsburg; † 14. August 1956 in Berlin) mit der Entwicklung des empirischen mehr als nur eine Antithese des aristotelischen Theaters aufstellen. Er wollte nicht nur negieren. Für diese Gestaltung war die Revidierung der Ansichten über das Verhältnis Realität-Individuum am wichtigsten.

Da die Bühne ein Spiegelbild der gesellschaftlichen Verhältnisse und der darin lebenden Menschen darstellen sollte, sind die determinierenden Faktoren, wie soziales Milieu, spezielle Ereignisse usw., als veränderlich darzustellen. Der Mensch wurde damit aktiv eingeschaltet und kann somit auf die ökonomischen und gesellschaftlichen Verhältnisse einwirken.

---

[2] ebenda, S. 70
[3] ebenda, S. 72

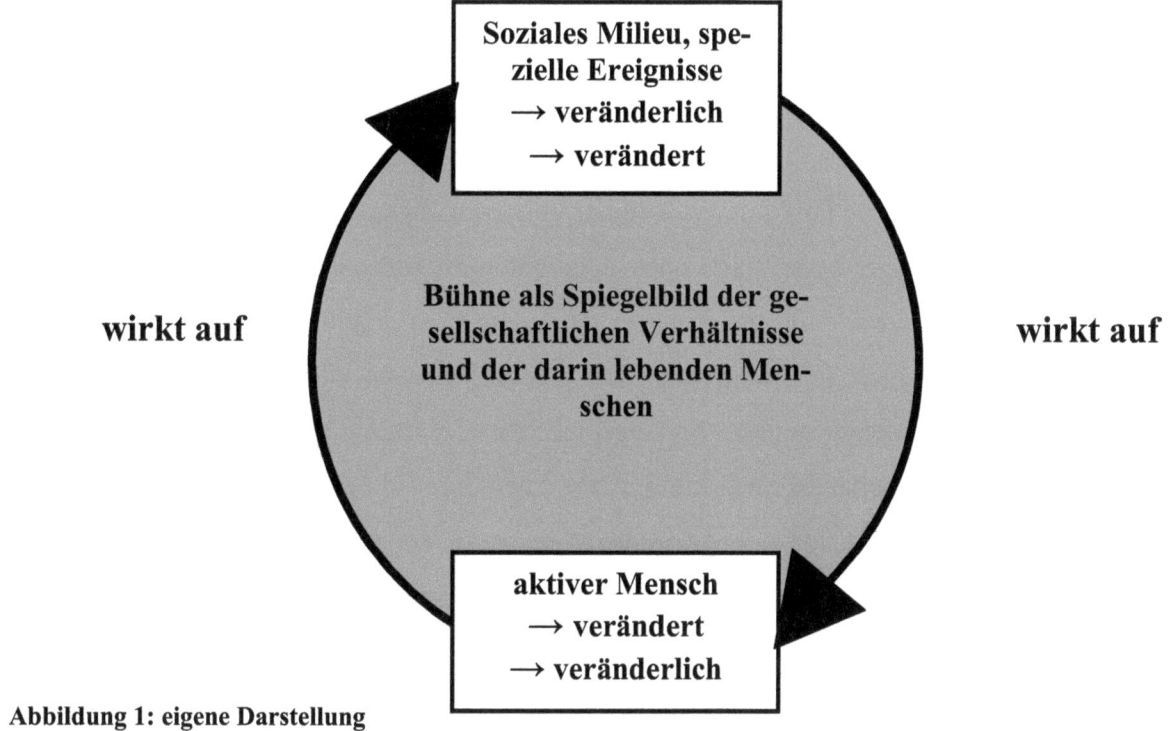

Abbildung 1: eigene Darstellung

Die Realität stellt also einen Entwicklungsprozess dar – einen Fortschritt, der nicht durch das Fortgeschrittensein, sondern vielmehr durch das Fortschreiten definiert ist. Ein sich gegenseitig beeinflussender Kreislauf, ein Perpetumobile.

Und dennoch entspricht Brechts Dramenform nicht einem autonomen Organismus, der in sich abgeschlossen und durch eine tektonische Harmonie gekennzeichnet ist. Sie folgt nicht der äußeren Form der Schönheit, sondern der Richtigkeit. Statt, wie in der aristotelischem „Dramatisches Theater", der Linerarität und geordneter Zwangläufigkeit des Geschehens („natura non facit saltus"), sind im „epischen Theater" Kurven und Sprünge möglich („natura facit saltus").

Somit macht Brecht den Menschen zum Gegenstand seiner Untersuchung. Er ist undurchsichtig, nicht sogleich erkennbar. Er ist nicht bekannt, kein Fixum, kein „Charakter", kein verstehbares Wesen – er ist nicht abgebildet. Der Mensch wird, weil er das Schicksal mitbestimmt, als Problem gefasst, als Fremdes, als zu Enthüllendes, als variable Größe. Man muss ihn kennen lernen, mit all seinen Bedürfnissen und Widersprüchen, ebenso wie einen Fremden, dem man außerhalb des Theaters begegnet. Durch die Akzentuierung des Zuschauers, andere Möglichkeiten von determinierenden Faktoren zu erwägen, kam ein dialektischer Prozess zustande. Das Subjekt aus dem Zuschauerraum setzt sich mit dem Objekt auf der Bühne auseinander und lernt aus dem Nicht-Lernen des Protagonisten.

Der Unterhaltungswert des „Dramatischen Theaters" soll im empirischen Theater der Auseinandersetzung, dem Dialog zwischen Theaterstück und Publikum weichen.

1.3 Der aktive Zuschauer

Brecht verurteilt den Versuch den Zuschauer in eine ein-linige Dynamik hineinzusetzen. Er befreit das Publikum von seiner geistigen Zwangsjacke, die es ihm nicht erlaubt nach rechts oder links, nach oben oder unten zu schauen und lässt das Publikum selbst denken, indem er dem Zuschauer Erkenntnisse im Verlauf des Stücks vermittelt. Es wird ihm kein fertiges Schema dargeboten, wodurch drohen würde, dass der Zuschauer zum einfachen Betrachter mutiert. Im Gegenteil: das Vermitteln dieser Erkenntnisse weckt die Aktivität des Zuschauers und verlangt ihm einen eigenen Standpunkt ab. Der Zuschauer wird im epischen Theater durch Argumente bis zur Erkenntnis getrieben. Um diesen Effekt zu verstärken, wird das Publikum der Handlung gegenübergesetzt.[4]

Diese forschende Haltung entspricht, Brechts Meinung nach, der Haltung des Publikums des wissenschaftlichen Zeitalters und muss daher, um das Theater zu modernisieren, mit einbezogen werden.

> *„[...] Damit das Verhalten der Figuren des Dramas so deutlich gezeigt werden kann, daß der Zuschauer die politische Bedeutung dieses Verhaltens voll erfassen kann, sind einige Vereinfachungen nötig [...] Auf dem epischen Theater ist es durchaus möglich, dass eine Figur sich in allerkürzester Zeit exponiert, indem sie z.B. einfach berichtet:[5] [...] Sprechweise und Gestus müssen hier sorgfältig gewählt und groß geformt werden. Da das Interesse der Zuschauer einig auf das Verhalten der Figuren gelenkt wird, muß, rein ästhetisch gesprochen, der jeweilige Gestus bedeutend und typisch sein."*[6]

Damit das Publikum zur stillen Überlegung veranlasst werden kann müssen die Vorgänge von den Erfahrungen des Publikums (durch das Denken) kontrollierbar sein und die Aufführung muss durchsichtig gestaltet werden, d.h. schlicht in Bühnenbild und Verlauf gehalten sein.

---

[4] Während im Dramatischen Theater das Publikum der Handlung eher nebenbei gesetzt wird, als gedankestummer Betrachter, provoziert Brecht sein Publikum, indem er dem Publikum über die Schauspieler z.B. rhetorische Fragen stellt oder es angucken lässt.

[5] ,Ich bin der Lehrer dieses Dorfes; meine Arbeit ist zu schwer, da ich zuviel Schüler habe usw.'

[6] Hecht, S. 73

1.4 Der gesellschaftliche Gestus[7]

Der „gesellschaftliche Gestus" sind sozusagen die gesellschaftlichen Vereinbarungen, Traditionen, Verhaltensweisen. Auf der Bühne spiegeln sie die Gesellschaftlichen Angelegenheiten, und die zwischen den Menschen wider. Damit das Publikum die Vorgänge und die Menschen auf der Bühne verstehen, muss der „gesellschaftliche Gestus" im Theaterstück mitberücksichtigt werden (um ihn zu integrieren oder ihm gezielt entgegenzusetzen). Brecht arbeitete Szenen heraus, in denen Menschen sich so verhalten, dass die sozialen Gesetze, unter denen sie stehen, sichtbar werden. Der Zuschauer soll also in der Lage sein, Vergleiche anzustellen, was die menschlichen Verhältnisse anbetrifft. [8]

Für Brecht spielt das Bühnenbild einen wichtigen Bestandteil des „gesellschaftlichen Gestus"; es muss schlicht sein, um die Hintergründe für den Zuschauer durchdringbar zu lassen, und damit er sich nicht im Bühnenbild verliert. Er soll sich für das Geschehen und den Verlauf der Handlung offen lassen. Daher soll das Bühnenbild nicht einem Kunstwerk gleichen und die Bühne überladen, vielmehr soll sie den Vorgang erzählen.

Ebenso wichtig im Geschehen der Handlung sind die einzelnen Szenen einzeln zu betrachten. Denn wie im widergespiegelten Leben, sind die einzelnen Momente wichtig für den Gesamtverlauf. Stellen sie doch jeder Zeit den Moment dar, in dem sich das Blatt wenden kann; eine Richtung und die Realität sich ändern können. Damit wird die Spannung auf den Verlauf gelenkt, da ja der Verlauf sich nur durch die einzelnen Szenen erschließen lässt.

1.5 Vergleich Dramatische und Epische Oper[9]

Dramatische Oper	Epische Oper
die Musik serviert	die Musik vermittelt
Musik den Text steigernd	den Text auslegend
Musik den Text behauptend	den Text voraussetzend

---

[7] „Gestisch ist eine Sprache, wenn sie auf dem Gestus beruht, bestimmte Haltungen des Menschen anzeigt, die dieser anderen Menschen gegenüber einnimmt […].Nicht jeder Gestus ist ein gesellschaftlicher Gestus. Die Abwehrhaltung gegen eine Fliege ist zunächst kein gesellschaftlicher Gestus, die Abwehrhaltung gegen einen Hund kann einer sein, wenn zum Beispiel durch ihn der Kampf, den ein schlecht gekleideter Mensch zu führen hat, zum Ausdruck kommt. […]Der gesellschaftliche Gestus ist der für die Gesellschaft relevante Gestus, der Gestus, der auf die gesellschaftlichen Zustände Schlüsse zulässt.
(http://www.teachsam.de/deutsch/d_literatur/d_aut/bre/bre_sonst/bre_theatheo/bre_theatheo_txt_2.htm)
[8] Unseld, S. 123-124
[9] Hecht, S.74

Musik illustrierend	Stellung nehmend
Musik die psychische Situation malend	Das Verhalten gebend
Die Musik ist der wichtigste Beitrag zum Thema	

Für Brecht stellte die Musik einer epischen Oper einen ebenso wichtigen Beitrag zum Thema, ebenso wie der Text, Bühnenbild, Handlung und das Thema usw. selbst. Es sind sozusagen „siamesische Vierlinge". Jeder Teil lenkt die Richtung, unterstützt die anderen Mitglieder und kommt ohne die anderen nicht aus.

Dieses Spiegelt auch die Zusammenarbeit Brechts mit seinen Komponisten wider. Der Komponist wurde ein Mitarbeiter. Er musste sich zunächst intensiv mit dem Texten des Stückes auseinandersetzen. Ihre Aufgabe bestand darin, den Text auf gesellschaftliche Interpretationen auszurichten, anstatt sie psychologisch auszulegen. In Kurt Weill und Hanns Eisler hatte Brecht Komponisten gefunden, die in dieser Weise „vermittelten", „den Text auslegende", „Stellung nehmende", „Das Verhalten gebende", Partei ergreifende Musik geschaffen hatten. Fortan wurde Musik zu einem notwendigen Bestandteil des epischen Theaters. Außer den „Opern" entstand die Gattung der „Stücke mit Musik".

Die Wichtigkeit der Musik für das Gesamtstück wurde dadurch verkörpert, dass das Orchester bei der Aufführung der „Dreigroschenoper" auf der Bühne postiert wurde und die musikalische von der übrigen Darbietung streng getrennt war. Für das Singen der Songs wurde ein Lichtwechsel vorgenommen, das Orchester wurde beleuchtet, und auf der Leinwand des Hintergrunds erschienen die Titel der einzelnen Nummern[10] – und die Schauspieler nehmen für die Nummern einen Stellungswechsel vor.[11] Es gibt Duette, Terzette, Solonummern du Chorfinales.

1.6 Der Schauspieler

Brechts Schauspieler des epischen Theaters hatten eine Mittlerrolle einzunehmen – er muss alles dafür tun, um sich zwischen Beschauer und Vorgang stehend bemerkbar zu machen. Der Schauspieler durfte folglich keinesfalls in de darzustellende Figur aufgehen.
Auf ihn trag zu, was Brecht im Gedicht „Über alltägliches Theater" sagte:

---

[10] z.B. „Der Morgenchoral des Peachum"
[11] Unseld, S. 122-123

„Um mit Staunen

Mögt ihr eines Betrachten: daß dieser Nachahmende

Nie sich in einer Nachahmung verliert. Er verwandelt sich

Nie zur Gänze in den, den er nachahmt."[12]

Nach Brecht, konnte seine Mittlerrolle nur auf diese Weise spielen, dass er den darzustellenden Menschen oder Vorgang demonstrierte.[13] Es war dem Schauspieler erlaubt, die Person auf seine selbst interpretierte Weise darzustellen, auch wenn die Gesten oder die Betonung einen Widerspruch aufweisen. So sagte Brecht:

„Auch wenn sich eine meiner Personen in Widersprüchen bewegt, so nur darum, weil der Mensch in zwei ungleichen Augenblicken niemals der gleiche sein kann. Das wechselnde Außen veranlaßt ihn beständig zu einer inneren Umgruppierung. Das kontinuierliche Ich ist eine Mythe. Der Mensch ist ein immerwährend zerfallendes und neu sich bildendes Atom. Es gilt zu gestalten, was ist."

Der Demonstrationscharakter wirkte sich auch auf das Sprechen aus. Es kam nicht mehr darauf an, den Sinn im einzelnen Satz zu suchen, sondern den Grundgestus herauszuspielen. Der Schauspieler erzählt nicht nur einen Vorgang, sondern demonstriert gleichzeitig daran seine Stellung zu dem Vorgang und ergreift Partei. Gleichzeitig verwendet er Gesten, die auf Riten schließen lassen.

Brecht entwickelte im Einzelnen Darstellungsvorschläge für richtiges Sprechen und Singen. So sollte der Schauspieler beispielsweise beim Singen eines Songs einen Funktionswechsel vollziehen, das heißt also einen Singenden zeigen. Er versucht nicht so sehr, den Gefühlsinhalt seines Liedes hervorzuheben, sondern er zeigt Gesten, welche sozusagen Sitten und Gebräuche des Körpers sind. Das Gesprochene kann durchaus widersprüchlich zum Gestus sein, so kann beispielsweise eine emotionale Situation sachlich und mechanisch gesprochen werden. Auch hier ergreift der Schauspieler durch die Wahl seines Sprechens Partei und kommentiert diese Situation.[14] Gleichzeitig stellt dieser Widerspruch einen Verfremdungseffekt dar, der den Zuschauer zum Nachdenken anregen kann. Brecht empfahl ein gegen-die-

---

[12] Hecht, S. 76
[13] ebenda
[14] Benjamin, S. 92

9

Musik-Sprechen, unabhängig von Musik und Rhythmus nüchtern vorgetragen, hin und wieder in die Melodie einmündend, wenn der Spieler selbst daran Genuss ausdrücken will.[15]

Gleichzeitig soll der Zuschauer in das Geschehen mit einbezogen werden – dies gelingt dem Schauspieler dadurch, dass er in den Zuschauerraum sieht. Dies geschieht aber sehr zielgerichtet. Er soll einzelne Zuschauer direkt angucken und nicht einen fiktiven Punkt im hinteren Publikumsraum anstarren.

Wichtig für Brecht war, dass die Schauspieler keine Stereotype darstellten. Die Räuber sollten nicht mit roten Halstüchern eingekleidet werden, sondern wie normale Bürger gekleidet werden. Dies sollte die Realität außerhalb der Bühnenwelt verkörpern. [16]

1.7 Aufbau der Dreigroschenoper-Bühne

„Eine Bühne für die ‚Dreigroschenoper' ist umso besser aufgebaut, je größer der Unterschied zwischen ihrem Aussehen beim Spiel und ihrem Aussehen beim Song ist."[17]

Sie sollte schlicht und nicht überladen gestaltet werden und dennoch sich von den Song-Szenen abgrenzen. So werden bei den Songs die Titel auf Tafeln, die an Schnüren von der Bühnendecke heruntergelassen werden, geschrieben oder projiziert. Die Schauspieler treten für den Song an den Bühnenrand. Die Band und die Schauspieler werden hell beleuchtet (sogar farbig), während des Rests der Bühne und der Schauspieler in der Dunkelheit verschwindet.

1.8 Die Verfremdungseffekte

Der Verfremdungseffekt (auch V-Effekt) ist ein literarisches Stilmittel des Epischen Theaters. Eine Handlung wird durch Kommentare oder Lieder so unterbrochen, dass beim Zuschauer jegliche Illusionen zerstört werden. An Stelle des Einfühlens soll ein Erstaunen des Zuschauers treten – Erstaunen über die Verhältnisse, in denen der Protagonist lebt. Es werden also die Zustände und nicht die Handlungen dargestellt. So kann er der Theorie zufolge eine kritische Distanz zum Dargestellten einnehmen. Der Verfremdungseffekt besteht darin, dem Betrachter vertraute Dinge in einem neuen Licht erschienen zu lassen und so die Widersprüche der Realität sichtbar zu machen. Dies kann unter anderem dadurch erreicht werden, dass man eine Handlung gegen den gesellschaftlichen Gestus ausführt.

---

[15] Hecht, S. 77
[16] Benjamin, S. 93
[17] Unseld, S. 124

In der „Dreigroschenoper" nimmt der Erzähler eine Verfremdungseffekt-Rolle ein, indem er das Geschehen auf der Bühne unterbricht und kommentiert. Zusätzlich verbindet er aber auch die einzelnen Szenen, die ja einzeln betrachtet werden sollen, und setzt die einzelnen Szenen in einen Kontext.

Aber auch die einzelnen Schauspieler Unterbrechen mit ihren Balladen den Verlauf des Stück und kommentieren ebenfalls, diesmal in der Funktion des Sängers, das Geschehen und die Verhältnisse der einzelnen dargestellten Personen.

Einen weiteren Verfremdungseffekt stellt der offene Bühnenumbau dar. Die Bühnenumbauer verschwinden nicht in dem dunklen Hintergrund der Bühne, die meist abgedunkelt wird, es wird auch nicht der Vorhang fallen gelassen, im Gegenteil, selbst die Schauspieler nehmen an dem Umbau teil.

Das Ziel der Verfremdungseffekte ist die Entstehung einer Distanzierung des Zuschauers zu dem Geschehen auf der Bühne. Diese Distanzierung sollte das Publikum von einer Erkenntnis zu einer (erschreckenden) Selbsterkenntnis führen.[18]

2. Untersuchung an Hand Brechts „Dreigroschenoper"[19]

2.1 Zusammenfassung

Ort und Zeit der Handlung: Soho (London), 1920er Jahre

Vorspiel:

Ein Moritatensänger singt die Moritat von Mackie Messer, in der er die Untaten des Gaunerbosses vorstellt.

Erster Akt:

Jonathan Peachum ist Inhaber der Firma „Bettlers Freund", in der Londons Bettler organisiert sind und gegen Abgabe der Hälfte ihrer Einnahmen Hilfsmittel und Unterstützung erhalten. Doch er hat Sorgen: nicht nur muss er sich mit Bettlern wie Filch herumärgern, die selbständig und auf eigene Faust gebettelt haben, nein, er muss auch noch feststellen, dass seine Tochter Polly mit dem Gangster Mackie Messer fortgegangen und nicht nach Hause gekommen ist. – Polly und Mackie Messer feiern unterdessen in einem Pferdestall Hochzeit. Als Peachum und seine Frau davon erfahren beschließen sie, Mackie an die Polizei auszuliefern.

Zweiter Akt:

Polly warnt ihren Mann vor der drohenden Verhaftung. Dieser flieht umgehend – jedoch nicht ins Moor von Highgate, sondern in ein Hurenhaus. Jenny, eine der Huren, verrät Mackie. Er

[18] Benjamin, S. 92
[19] Das Stück ist eine Bearbeitung der Beggar's Opera von John Gay (Text) und Johann Christoph Pepusch (Musik) aus dem Jahr 1728. Das überarbeitete Bühnenmanuskript erschien 1928.

wird verhaftet. Lucy, die Tochter des Polizeichefs Brown und eine frühere Geliebte Mackies, besucht ihn im Gefängnis und macht ihm Vorwürfe wegen seiner Untreue. Als auch Polly ihren Mann im Gefängnis besuchen will, kommt es zu einer Eifersuchtsszene zwischen den beiden Frauen. Mackie gelingt es dennoch Lucy dazu zu überreden, ihm zur Flucht zur verhelfen.

Dritter Akt

Am Krönungstag der Königin wird Mackie, der mittlerweile bei einer anderen Geliebten Unterschlupf gefunden hat, erneut verraten und verhaftet. Unter dem Galgen leistet Mackie Messer jedermann Abbitte. Doch kurz bevor es zur Hinrichtung kommt erscheint Brown als berittener königlicher Bote und verkündet, dass Mackie nicht nur begnadigt, sondern auch in den Adelsstand erhoben wird.

<u>Vorspiel</u>[20]

ERZÄHLER *Jahrmarkt in Soho. Die Bettler betteln, die Diebe stehlen, die Huren huren. Ein Moritatensänger singt ein Moritat:*

Die Moritat von Mackie Messer (Track 2 auf CD)

MORITAT Und der Haifisch, der hat Zähne
Und die trägt er im Gesicht
Und Macheath, der hat ein Messer
Doch das Messer sieht man nicht.

Ach, es sind des Haifischs Flossen
Rot, wenn dieser Blut vergießt!
Mackie Messer trägt 'nen Handschuh
Drauf man keine Untat liest.

An 'nem schönen blauen Sonntag
Liegt ein toter Mann am Stand
Und ein Mensch geht um die Ecke
Den man Mackie Messer nennt.

Und Schmul Meier bleibt verschwunden
Und so mancher reiche Mann
Und sein Geld hat Mackie Messer
Dem man nichts beweisen kann.

Von links nach rechts geht Peachum mit Frau und Tochter über die Bühne spazieren.

Jenny Towler ward gefunden

---

[20] Brecht, S. 7-8

12

Mit 'nem Messer in der Brust
Und am Kai geht Mackie Messer
Der von allem nichts gewußt.

Und das große Feuer in Soho
Sieben Kinder und ein Greis –
In der Menge Mackie Messer, den
man nichts fragt und der nichts weiß.

Und die minderjährige Witwe
Deren Namen jeder weiß
Wachte auf und war geschändet –
Mackie, welches war dein Preis?

*Unter den Huren ein Gelächter, und aus ihrer Mitte löst sich ein Mensch
und geht rasch über den ganzen Platz weg.*

SPELUNKEN-   Das war Mackie Messer!
JENNY

2.2 Vorspiel

2.2.1 Der Text und das Schauspiel

Das Theater-Stück fängt damit an, das ein Erzähler auf die Bühne tritt und die Situation, die die Bühne zeigt, vorstellt. Er leitet „Die Moritat[21]von Mackie Messer" ein.

Der Erzähler dient dem Verfremdungseffekt. Er überrascht das Publikum, denn einen Erzähler in einer Oper erwartet man wohl kaum. Der Mensch der 20er Jahre, der den Begriff der Moritaten und die damit verbundene Bewandtnis kannte, durfte überrascht gewesen sein, angesichts einer Moritat in einer Oper bzw. eines Theater-Stücks, heutzutage ist das Publikum eher amüsiert über den Leierkasten-Spieler. Früher wussten die Menschen, was sie erwarten würde, sobald ihnen die Moritat angekündigt wurde, heute ist man eher überrascht über den Text, da man etwas anderes mit einem Leierkaste verbindet. Ich kenne Kinder-Lieder, die zu

---

[21] Moritat ist die seit dem 19. Jahrhundert übliche, vermutlich von dem beim Singen lang gezogenen Wort „Mordtat" (Mo-red-tat) abgeleitete Bezeichnung für ein balladenähnliches Bänkellied mit einer einfachen Melodie, das entsetzliche Ereignisse und schaurige Verbrechen schildert und mit moralisierenden Worten endet. Diese Schauerballaden, die sich auch an wahren Begebenheiten orientierten, wurden häufig durch eine Drehorgel begleitet, auf Straßen, Plätzen und Jahrmärkten von Moritatensängern vorgetragen, wobei die Dramatik durch entsprechende Leinwandbilder oder Moritatentafeln gesteigert werden konnte, auf die mit einem langen Stock gedeutet wurde. Dazu verkauften die Sänger Texthefte.
Im Gegensatz zu dem verwandten Drehorgelmann, der gelegentlich noch anzutreffen ist, verschwand der Moritatensänger in den 30er Jahren allmählich aus dem öffentlichen Leben. In den letzten Jahren wurde allerdings der Moritatengesang durch einzelne oder Gruppen wieder entdeckt. Er wird heute etwa in Deutschland durch die Baden-Badener Liederweiber, die Gruppe „Leierkastenheiterkeit" mit Doris van Rhee, Axel Stüber und Ullrich Wimmer oder durch die oberschwäbische Moritatengruppe um Werner Schnell vertreten.
In Bertolt Brechts Dreigroschenoper wird die Form der Moritat noch einmal in der "Moritat von Mackie Messer" aufgegriffen, von Kurt Weill konsequent mit Begleitung „in der Art eines Leierkastens" umgesetzt.
(http://de.wikipedia.org/wiki/Moritat)

meiner Kindheit auf dem Leierkasten gespielt wurden und gleichzeitig hat man das Bild von einem Affen, der auf der Schulter des Leierkasten-Spielers sitzt oder ein kleines Pony oder Esel der gemütlich an seinem Stroh zupft. Mit diesem Bild im Hinterkopf muss man überrascht sein, sobald die erste Strophe erklingt.

In dieser Moritat wird einer der Hauptpersonen des Theater-Stücks vorgestellt: Mackie Messer. Dies weist wieder auf Brechts Vorstellungen vom empirischen Theater hin: der Mensch ist Gegenstand der Untersuchung. Da Brecht erreichen will, dass der Zuschauer sich mit der dargestellten Person auseinandersetzt und den gesellschaftlichen Gestus auf sich überträgt, werden die Taten Mackie Messers zunächst beschrieben, damit das Publikum sich zunächst ein kritisches Bild der Person bildet, an statt es als gegeben hin zunehmen. Es werden einzelne Schandtaten Mackie Messers aufgelistet – alles Verbrechen, in denen er mitgewirkt hat bzw. gänzlich dafür verantwortlich ist. Er hat gemordet, vergewaltigt, Brand gestiftet,...

In der Moritat wird ein Vergleich zwischen Mackie Messer und einem Hai gebildet. Wohingegen des Haifisch Flossen rot gefärbt sind, wenn dieser Blut vergießt, hinterlässt Mackie Messer keinerlei Spuren[22], da er einen Handschuh trägt.

Das Bild, das man in der Moritat von Mackie Messer erhält, ist, dass es sich hierbei um einen Mann handelt, der sich vor nichts scheut und jeden beiseite schafft, der ihm im Weg steht oder dessen Tod ihm zu anders zu Nutzen sein kann.

Und damit der Zuschauer auch bildlich sich eine Vorstellung schaffen kann, tritt Mackie Messer[23] auch direkt zwischen den Huren auf und wird von „Spelunken-Jenny" mit der Nase darauf gestoßen („Das war Mackie Messer!").

Gleichzeitig lern der Zuschauer schon im Vorspiel die weitern Hauptpersonen des Stücks kennen: Peachum mit Frau und Tochter. Er spaziert auf der Bühne, die nur zu gut die Verhältnisse in Soho erzählt. Man bekommt ein Bild der Gesellschaft der 20er Jahre, die durch Armut geprägt ist.

Eine weitere Verfremdung stellt der Schauplatz dar: Soho in London; die Dargestellten tragen englische Namen: Mackie, Peachum, Polly, Brown. Und dennoch kann der deutsche Zuschauer die Armutsverhältnisse nachempfinden, war der erste Weltkrieg doch vor

---

[22] Die Daktyloskopie (Fingerabdruckverfahren) wurde schon 1853 von Sir William James Herschel entdeckt, der den Fingerabdruck nutzte, um britische Kolonialarbeiter zu unterscheiden. Ivan Vucetic (1858-1925) gründete 1896 in La Plata, Argentinien das Büro für Statistik und Erkennungswesen. Argentinien war somit das erste Land der Erde, das die Daktyloskopie als Identifizierungssystem einführte. Die Einführung der Daktyloskopie in Europa war dagegen nicht unumstritten, da ab Mitte der 1880er Jahre die Bertillonage (Vermessung der Körpermaße) in vielen Ländern Europas eingeführt worden war. Der Erfolg der Daktyloskopie war jedoch nicht mehr aufzuhalten und so wurde das Verfahren in Großbritannien im Jahre 1901 eingeführt. In Frankreich wurde das Verfahren 1914 eingeführt, das bis zu diesem Zeitpunkt an der Bertillonage festgehalten hatte. (http://de.wikipedia.org/wiki/Daktyloskopie)
[23] Brecht stellte sich Mackie Messer als einen Durchschnittstypen eines Mannes vor: nicht zu groß, kein überdurchschnittlich attraktiver Typ, eher sogar mit einem leicht verschlagenen Gesicht. (Benjamin, S. 93)

wenigen Jahren verloren. Aber eben dieser Verfremdungseffekt lässt den Zuschauer aufhorchen. Vielleicht bekommt der einfache Bürger, der dem Proletariat angehört, seinen ersten globalen Eindruck, besaß und besitzt er doch vermutlich nicht die Möglichkeit die Welt zu bereisen. Diese dargestellt Armut in einem Land lässt das Publikum das Stück verfolgen, da ihm das Thema, trotz fremder Stadt, nachvollziehbar ist. Es ermöglicht ihm das Geschehen auf der Bühne zu reflektieren und auf sich zu beziehen.

2.2.2 Die Musik

Auffällig meines Erachtens ist, dass die Musik sehr monoton gestaltet ist. Sie wiederholt sich immer wieder, nur kleine Betonungen brechen das Periodische. Im Zusammenhang mit dem Text gleicht es einer Aufzählung. Dadurch, dass der Leierkasten nicht nur auf der Bühne als Instrument erscheint, sondern auch die Musik zunächst der eines Leierkastens ähnelt, wird das Thema der Moritat wider aufgegriffen. Auch der Moritatensänger singt in einer leiernden und recht monotonen Art.

Leider habe ich noch nie einer Moritat der alten Zeit gehört, so dass ich nicht weiß, ob die Melodie typisch für eine Moritat ist.

Erster Akt[24]

ERZÄHLER	Um der zunehmenden Verhärtung der Menschen zu begegnen, hatte der Geschäftsmann J. Peachum einen Laden eröffnet, in dem die Elendsten der Elenden jedes Aussehen erhielten, das zu den immer verstockteren Herzen sprach.

Jonathan Jeremiah Peachums Bettlergarderoben

Der Morgenchoral des Peachum (Track 3 auf CD)

PEACHUM	Wach auf, du verrotteter Christ! Mach dich an dein sündiges Leben! Zeig, was für ein Schurke du bist Der Herr wird es dir dann schon geben
	Verkauf deinen Bruder, du Schuft! Verschacher dein Ehweib, du Wicht! Der Herrgott, für die ist er Luft? Er zeigt dir's beim Jüngsten Gericht!
PEACHUM	*zum Publikum:* Es muss etwas Neues geschehen. Mein Geschäft ist zu schwierig, denn mein Geschäft ist es, das menschliche Mitleid zu erwecken. Es gibt einige wenige Dinge, die den Menschen erschüttern, einige wenige, aber das Schlimme ist, daß sie, mehrmals angewendet, schon nicht mehr wirken. Denn

---

[24] Auszug; Brecht, S. 9-10

15

der Mensch hat die furchtbare Fähigkeit, sich gleichsam nach eigenem Belieben gefühllos zu machen. So kommt es zum Beispiel, dass ein Mann, der einen anderen Mann mit einem Armstumpf an der Straßenecke stehen sieht, ihm wohl in seinem Schrecken das erste Mal zehn Pennies zu geben bereit ist, aber das zweite Mals nur mehr fünf Pennies, und sieht er ihn das dritte Mal, übergibt er ihn kaltblütig der Polizei. Ebenso ist es mit den geistigen Hilfsmitteln. *Eine große Tafel mit „Geben ist seliger als Nehmen" kommt vom Schnürboden herunter.* Was nützen die schönsten und dringendsten Sprüche, aufgemalt auf die verlockendsten Täfelchen, wenn sie sich so rasch verbrauchen. In der Bibel gibt es etwa vier, fünf Sprüche, die das Herz rühren; wenn man sie verbraucht hat, ist man glatt brotlos. Wie hat sich zum Beispiel dieses „Gib, so wird dir gegeben" in knapp drei Wochen, wo es hier hängt, abgenützt. Es muß eben immer Neues geboten werden. Da muß eben die Bibel wieder herhalten, aber wie oft wird sie es noch?
Es klopft, Peachum öffnet, hereintritt ein junger Mann namens Filch. [...]

2.3 Erster Akt

2.3.1 Der Text und das Schauspiel

Wie schon im Vorspiel tritt auch hier der Erzähler zu Beginn auf, um die auftretende Person kurz vorzustellen. Mit diesem Verfremdungseffekt leitet Brecht wieder ein, dass der Mensch Gegenstand der Untersuchung wird. Der Zuschauer wird darauf informiert, was ihn erwartet und worauf er achten soll, um sich ein Bild von Jonathan Jeremiah Peachum zu machen. Zusätzlich kommt ein Schild, auf dem steht: Jonathan Jeremiah Peachums Bellergarderoben, von der Bühnendecke heruntergefahren, was dem Zuschauer die Möglichkeit bietet, sich auf das Geschehen auf der Bühne einzustellen. Dieses Schild klärt das schlichte Bühnenbild und der Zuschauer kann sich so auf den Verlauf des Stückes konzentrieren und benötigt nicht verschwendete Gedanken, um sich erst einmal im Bühnenbild zu orientieren.

Wenn Peachum seinen Morgenchoral singt, nimmt das Publikum an, dass Peachum ein christlicher und sich an die Moral haltender Mensch ist. Ein wahrer Kirchengänger, singt er doch morgens einen Choral, anstelle eines Morgengebets. Er zieht die Christen, die schon lange keine Christen mehr sind, auf. Er ironisiert das Verhalten der „falschen" Christen, indem er sie auffordert ihre Gewohnheiten beizubehalten und weiterhin unchristlich zu handeln. Auf dieses Verhalten folgt die Vergeltung durch das Jüngste Gericht. Man hat den Eindruck Peachum auf einer Kanzel zu den Unchristen sprechen zu sehen.

Auf diese Showeinlage Peachums folgt jedoch sein wahres Gesicht und es wird dem Zuschauer deutlich, warum Peachum das unchristliche Verhalten verachtet – er verdient sein

Geld damit. Ab diesem Punkt, an dem Peachum seinen scheinbar widersprüchlichen Charakter zeigt, setzt sich das Publikum mit ihm auseinander und nimmt ihn nicht einfach an. Die Widersprüche veranlassen den Zuschauer genauer hinzusehen und zu untersuchen, warum sich Peachum so unmoralisch verhält. Das teilweise Heraustreten Peachums aus seiner Rolle dient dem Verfremdungseffekt, das den Zuschauer hilft sich von dem Geschehen auf der Bühne zu lösen und zu reflektieren und ihn zu der Erkenntnis zu treiben: Peachum lebt von der Moral, jedoch nicht in der Moral. Für Brecht lautet die Antwort: das Gesellschaftliche Sein bestimmt das Denken. Wenn also die äußeren Umstände nicht so erbärmlich wären, würden die Menschen nicht dazu getrieben werden, unmoralisch zu handeln.

Um den Zuschauer in die Predigt Peachums über die Unmoral mit einzubeziehen, werden große Tafeln[25] an Schnüren herabgelassen, um die bekannten Bibel-Sprüche dem Zuschauer vor Augen zu halten. Dieser bekommt einen Eindruck wie diese auf die Bühnen-Passanten wirken.

Gleichzeitig bedauert Peachum jedoch, dass die Macht der Bibel-Sprüche schnell verwirken. Der Mensch ist ausgelaugt und abgestumpft. Es gibt nur noch wenige Dinge, die ihn schockieren und selbst dann wird er diesen gegenüber schnell gefühllos. Selbst vor der Moralansprache der Bibel hat er keinen Respekt (oder keine Mittel) mehr[26].

2.3.2 Die Musik

Die Musik unterstützt den Choral-Charakter, indem hier eine Orgel (oder orgelähnliches Instrument) verwendet wird. Die Verachtung in der Stimme des Peachum-Schauspielers während der zweiten Strophe dient hier der Partei-Ergreifung und die Betonungen lassen den Zuschauer aufhorchen. Ich finde, dass diese Verachtung eine gute Interpretation des Darstellers ist, denn sie weißt auf den Charakter des Peachum. Nach außen hin moralisch und innerlich moralverwerflich.

Gang zum Galgen

Alle ab durch Türe links. Diese Türen sind in den Projektionsflächen. Dann kommen auf der anderen Seite von der Bühne alle mit Windlichtern wieder herein. Wenn Macheath oben auf dem Galgen steht, spricht   (Track 24 auf CD)

PEACHUM   Verehrtes Publikum, wir sind soweit
            Und Herr Macheath wird aufgehängt
            Denn in der ganzen Christenheit
            Da wird dem Menschen nichts geschenkt.

---

[25] bildet einen Zusammenhang zwischen den Sprüche-Tafeln und den Zehn-Geboten-Tafeln
[26] die Menschen zeigen sich gegenseitig an und sind gefühllose Hüllen, deren menschliches Mitleid man nur noch schwer erwecken kann

Damit ihr aber nun nicht denkt
Das wird von uns auch mitgemacht
Wird Herr Macheath nicht aufgehängt
Sondern wir haben uns einen anderen Schluß ausgedacht.

Damit ihr wenigstens in der Oper seht
Wie einmal Gnade vor Recht ergeht.
Und darum wird, weil wir's gut mit euch meinen
Jetzt der reitende Bote des Königs erscheinen.

2.4 3. Dreigroschen-Finale

Auf den Tafeln steht: Auftauchen des reitenden Boten

CHOR
Horch, wer kommt!
Des Königs reitender Bote kommt!

Hoch zu Roß erscheint Brown als reitender Bote.

BROWN
Anläßlich ihrer Krönung befiehlt die Königin, daß der Captain Macheath sofort freigelassen wird. *Alle jubeln.* Gleichzeitig wird er hiermit in den erblichen Adelsstand erhoben *Jubel* und ihm das Schloß Marmarel und eine Rente von zehntausend Pfund bis zu seinem Lebensende überreicht. Den anwesenden Brautpaaren läßt die Königin ihre königlichen Glückwünsche senden.

MAC
Gerettet, gerettet! Ja, ich wußte es, wenn die Not am höchsten, ist die Rettung am nächsten.

POLLY
Gerettet, mein lieber Mackie ist gerettet. Ich bin sehr glücklich.

FRAU PEACHUM
So wendet alles sich am End zum Glück. So leicht und friedlich wäre unser Leben, wenn die reitenden Boten des Königs immer kämen.

PEACHUM
Darum bleibt alle stehen, wo ihr steht, und singt den Choral der Ärmsten der Armen, deren schwieriges Leben ihr heute dargestellt habt, denn in Wirklichkeit ist gerade ihr Ende schlimm. Die reitenden Boten der Königs kommen sehr selten, und die getreten werden, treten wider. Darum sollte man das Unrecht nicht zu sehr verfolgen.

ALLE
Singen zur Orgel, nach vorn gehend: (Track 25 auf CD)
Verfolgt das Unrecht nicht zu sehr, in Bälde
Erfriert es schon von selbst, denn es ist kalt.
Bedenkt das Dunkel und die große Kälte
In diesem Tale, das von Jammer schallt.

2.4.1 Der Text und das Schauspiel

Wir befinden uns im Dritten Akt, indem Mackie Messer erneut von den Huren an die Polizei verraten wurde und gehängt werden soll. Nun erschein sein alter Polizei-Freund Brown in Gestalt des Reitenden Boten, um ihn im Name der Königin frei zu sprechen.

Brecht lässt Peachum hier für sich sprechen[27]: anders als in der Oper[28] wird das Böse in der Dreigroschenoper nicht bestraft – wie im wahren leben.[29] Dies kristallisiert sich immer beim Auftritt des Reitenden Boten heraus, denn ironischer Weise, wird Mackie Messer[30] nicht nur frei gesprochen, sondern wird im übertriebenen Maße mit einem Schloss und einer sehr hohen Rente und dem Erheben in den erblichen Adelsstand belohnt. Dies widerspricht dem „Gnade vor Recht ergehen lassen", denn diese Geschenke gehen weit über die Gnade hinaus und benachteiligt die anderen – welches wiederum keine Gleichbe*recht*igung darstellt. Hier setzt Brecht einen Zynismus sonder Gleichen.

Im letzten Auftritt Peachums, wiederum eine Szene, in der der Peachum-Darsteller sich von seiner Rolle löst und das Publikum und seine Kollegen[31] direkt anspricht, verlangt vom Publikum eine Auseinandersetzung mit Theaterstücks und Wirklichkeit. Und wieder spricht Brecht durch den Schauspieler: die Armen sind die Ärmsten in der Wirklichkeit. Aber sie wehren sich. Daher muss das Unrecht nicht verfolgt werden – es regelt sich von selbst.

„Die Dreigroschenoper" wird mit einem weiteren Choral beendet – man könnte auch sagen: und die Moral von der Geschicht ist... Die Aussage ist, wie schon zuvor der Peachum-Darsteller sagte, dass das Unrecht nicht verfolgt werden muss, da es schon von selbst gerichtet wird – durch die Menschen, denen Unrecht widerfährt. Und erneut finden wir uns in „Der Morgenchoral des Peachum" wieder.[32]

2.4.2 Die Musik

Die Szene, in der der reitende Bote[33] auf der Bühne auftritt und die Freilassung Mackie Messers verkündet, ist mit einer sehr feierlichen und sogar königlichen Musik[34] unter-

---

[27] Die Ansprache Peachums stellt wieder einen Verfremdungseffekt dar. Der Zuschauer wird gezielt angesprochen. Die Figur tritt aus dem Geschehen auf der Bühne und wird zu einem Kommentator.

[28] oder im Märchen

[29] „So leicht und friedlich wäre unser Leben, wenn die reitenden Boten des Königs immer kämen" bezieht sich nicht nur auf die dargestellten Figuren, sondern bezieht das Leben des Publikums mit ein.

[30] der in diesem Abschnitt statt Machie Messer zu Herr Macheath und sogar vom Reitenden Boten zum Captain Macheath genannt wird

[31] „...deren schwieriges Leben ihr heute dargestellt habt,..."

[32] Man hört sozusagen das „Der Herr wird es dir dann schon geben" und das „Er zeigt dir's beim Jüngsten Gericht" mitschwingen.

[33] Und dieser sollte tatsächlich auf einem Ross einmarschieren – ein weiterer Verfremdungseffekt, der das Geschehen auf der Bühne märchenhaft gestalten, befinden wir uns doch im 20. Jahrhundert. Ebenso dass die Königin (die zwar in England noch immer anwesend ist, in Deutschland jedoch sehr befremdend wirkt) ihn schickt.

[34] „Hofchor", Tusch und Trompeten

malt. Gleichzeitig verkündet Brown die Annehmlichkeiten, die Macheath mit der Freilassung erhält sehr festlich. Diese Szene wirkt wie der Auftritt in einer Oper, der das märchenhafte unterstreicht: somit wird das Böse zum Guten und wie es sich für ein Märchen oder eine Oper gehört, wird das Gute belohnt.

Die Ironie ist, dass diejenigen, die Leittragende unter Mackie Messer sind[35], sich über die Freilassung Macheaths freuen und bejubeln.

In die Bühnenrealität wird man wieder gerissen, wenn Mackie Messer seinen Freudenssang über seine Freilassung ausstößt. Die Trompeten trompeten falsch und auch der Paukenschlag bildet einen Bruch zu den zuvor gehörten harmonischen Klängen.

Die Musik des Chorals wirkt alleine schon sehr impulsant und sehr Energie geladen. Verstärkt wird dieser Eindruck durch das Nach-Vorne-Gehen des gesamten Chors.[36] Die Musik und das Bild, das sich für den Zuschauer ergibt, sind sehr eindringlich und mahnend. Dieser Song ist wirklich eines großen Finales würdig. Das Ende des Chorals ist musikalisch gesehen sehr filmreich gestaltet und man erwartet ein weiteres Schild, das vom Schnürboden herabgelassen wird, auf dem ENDE steht.

Und obwohl Brecht dieses Schild nicht vorsieht, setzte ich nun dieses Wort:

ENDE

---

[35] Diejenigen sind darunter, die von ihm ausgeraubt werden, von ihm niedergeschlagen lassen werden. Alle jubeln, obwohl ihn gleichzeitig alle fürchten müssen, da sie nie wissen, ob sie nicht die nächsten sind, die ihm zum Opfer fallen.
[36] bestehend aus Peachum, Frau Peachum, Polly, Brown, Macheath, den Huren,...

Literaturverzeichnis

Hecht, Werner (1966). Brechts Weg zum epischen Theater. In Grimm, Reinhold (Hrsg.) *Episches Theater* (1. Aufl.). Köln, Berlin: Verlag Kiepenheuer & Witsch.

Benjamin, Walter (1966). Was ist das epische Theater. In Grimm, Reinhold (Hrsg.) *Episches Theater* (1. Aufl.). Köln, Berlin: Verlag Kiepenheuer & Witsch.

Unsled, Siegfried (Hrsg.) (1960). Bertolt Brechts Dreigroschenbuch (1. Aufl.). Frankfurt am Main: Suhrkamp Verlag.

---

http://www.teachsam.de/deutsch/d_literatur/d_aut/bre/bre_sonst/bre_theatheo/bre_theatheo_txt_2.htm

http://de.wikipedia.org/wiki/Moritat

http://de.wikipedia.org/wiki/Daktyloskopie

http://www.zilles-bierhaus.de/images/ZilleLaierkasten.gif

http://cero.coolnetworx.net/uploads/bibel.gif

http://www.teachsam.de/deutsch/d_literatur/d_gat/d_drama/drama_rede_3.htm#1.%20Der%20gesellschaftliche%20Gestus%20eines%20Gespr%E4chs

http://de.wikipedia.org/wiki/Heinrich_Zille

http://www.oper-halle.de/resource/img/layout/vorhang.jpg

CD-Daten:

Kurt Weill, Die Dreigroschenoper

1958, London; CBS